누리달의 아토

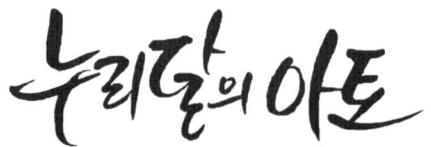

- 6월의 선물 -

| 김향기 제3 시조집 |

하나로 선
사상과문학사

- 시인의 말
온고지신溫故知新

시조 형식 옛것이나 시상 詩想은 새롭게,
그 뜻으로 작품 지어 모아 놓은 곳간에는
알곡에 쭉정이 섞여 부끄러우나 선보인다

첫 번째 보따리에 신앙 시를 담는다
한 권의 시집으로 신앙고백 하기까진
메마른 광야 길에서 샘물 찾기 어렵다

엄니와 나눈 정을 1집에 많이 싣고
남은 작품 고향 정서와 2부에 담으면서
아파서 감추고 싶은 기억들도 내놓는다

지하철 6호선에 실려있던 작품들을
세 번째 시조집 3부에 환승시킨다
수십 년 서울 삶에서 흉터만 남았다

4부에는 생활에서 깨달은 의미를
잠언이나 교훈으로 스스로 새기면서
내 나름 객관화시켜 보여주고 싶었다

5부에는 열심을 기울였던 동시조가
더 이상 진전 없어 이쯤에서 정리한다
한 권의 동시조 시집, 부럽고도 아쉽다

2025년 누리 달에
하늘 아래 가장 편안한 곳(天安)에서

차례

제1부

시인의 말 • 5

덤벙 주초

덤벙 주초柱礎 • 12
성공 • 13
또 다른 엘림을 바라며 • 14
붉은색은 • 15
아이 성城 • 16
나를 불쌍히 여기소서 • 17
매너리즘 • 18
내 잔이 넘치나이다 • 19
눈물 • 20
땅콩을 까면서 • 21
날 사랑하느냐 • 22
비늘을 제하소서 • 24
양심의 거울 • 25
성탄절의 고백 • 26
상처 난 중력의 법칙 • 27
감사의 조건 • 28
지옥 견학 • 29
탁상공론卓上功論 • 30
양화진 선교사 묘역에서 • 31
샘물 • 32

제2부

누리 달의 아토

누리 달의 아토 • 34
살구나무 • 35
금낭화 • 36
부추꽃 • 37
이태의 가뭄 • 38
비닐봉지 • 40
그 무렵 1 • 41
그 무렵 2 • 42
그 무렵 3 • 43
성탄 무렵 1 • 44
성탄 무렵 2 • 45
성탄 무렵 3 • 46
성탄 무렵 4 • 47
사랑한다는 말 대신에 • 48
핑계 • 49
겨울나무 • 50
나이 줄이기 • 51
보호자 • 52
이어폰 • 53
어느 날 • 54

제3부

가로수

가로수 1 • 56
가로수 2 • 57
가로수 3 • 58
가로수 4 • 59
가로수 5 • 60
인간 시장 • 61
삼각지역에서 1 • 62
삼각지역에서 2 • 63
삼각지역에서 3 • 64
신호등 앞에서 1 • 65
신호등 앞에서 2 • 66
성산대교에서 1 • 67
성산대교에서 2 • 68
성산대교에서 3 • 69
성산대교에서 4 • 70
두더지 • 71
망원정望遠亭 • 72
임산부 배려석 • 74
천원 • 75
죽도 밥도 아닌 것 • 76

제4부

간수

간수艮水 · 78

삶의 방정식 · 79

대나무 · 80

거울 · 81

기경起耕 · 82

강물 · 83

모든 씨는 · 84

선線과 선善 · 85

신발을 닦으며 · 86

흔적 · 87

선풍기를 닦으며 · 88

가위, 바위, 보 인생 · 89

아는 것이 많으면 · 90

어떤 높임말 · 91

아낌없이 주는 나무 · 92

라온 제나 · 93

시조의 종장론 · 94

민달팽이의 삶 · 95

충청도식 해법 · 96

가면假面 · 97

제5부

[동시조]
강가에 앉아

강가에 앉아 · 100

모과 · 101

새 달력 · 102

꽃 소식 · 103

봄날이 부럽다 · 104

목련 · 105

혼자 집 보는 날 · 106

여름 들판 · 107

바람 불어 좋은 날 · 108

단비 · 109

해돋이 · 110

또 다른 하늘 · 111

아파트 · 112

낙엽 일기 · 113

수숫대 · 114

함박눈 내리는 날 · 115

입김 · 116

제설제 · 117

신발 소리 · 118

산수유 · 119

『누리 달의 아토』 평론 · 122

제1부

덤벙 주초

당연히 그렝이질은
내 몫인 줄 압니다

덤벙 주초柱礎

못난이 자연석인 이 죄인을 지명하여
자녀로 택하셔서 덤벙 주초* 삼으시고
믿음의 기둥을 세워 집 지으라 하시네

울퉁불퉁 거친 표면 주님께서 다듬으시길
조급하게 재촉하고 늦으면 실망하다가
당연히 그렝이질**은 내 몫인 줄 압니다

얼마나 정성 들여 내면을 다듬어야
당신과 뜻이 맞아 서까래도 지붕도
주초에 튼튼히 얹어 아름답게 지을까요

* 자연석을 초석(주춧돌)으로 쓰는 것
** 재료와 재료가 맞닿을 때 한쪽의 모양대로 형태를 따서 경계
 면을 맞춰 주는 것

성공

야곱의 총애 받은 꿈 많은 요셉에게
형들은 시기하여 구덩이에 버렸다가
미디안 상인들에게 채색 꿈을 팔았다

이집트 친위 대장 보디발의 가정 총무
노예의 신분으로 그만하면 성공인데
누명을 쓰고 간 감옥, 또 다른 기회다

두 명의 관원장 꿈 해몽한 보답으로
억울함을 풀어준다는 약속이 깜깜해도
수년을 좌절치 않고 기다렸던 그 결과

아무도 풀지 못한 파라오의 꿈 덕분에
관원 장의 추천으로 그 꿈을 풀게 하여
노예가 총리가 되니 성공이라 말하지만

머리 숙인 열 한별의 형들을 용서하고
아비와 민족 구한 기근 중의 그 화목이
해와 달 머리 숙여서 칭송하는 성공이다

또 다른 엘림*을 바라며

물살 거센 홍해를 걸어서 건너면서
뒤쫓는 과거와 물살 거센 현재에서
희망은 미래를 향해 무지개를 넘는다

마라**의 쓰디쓴 물 뱉어내고 돌아서서
불평으로 모래바람 쏟아내던 눈앞에는
마음속 다짐하던 말 신기루로 보인다

팍팍한 수르*** 광야 터벅터벅 건너와서
엘림의 맑은 샘과 종려나무 그늘에서
혀 짧은 감사의 표현 금세 바뀔 인간 언어

거기에 머무르면 게으름만 둥지 틀어
모래 언덕 너머로 지평선을 바라보니
태양은 아무 말 없이 또 하루를 지고 온다

* 출애굽 여정 중에 만난 '큰 나무'라는 오아시스 지명
** 출애굽 여정 중에 만난 '쓴물'이라는 샘
*** 홍해를 건넌 후에 만난 첫 광야

붉은색은

문설주와 인방에 붉은 피를 바르면
하나님의 사자가 그 집을 지나가서
장자를 지키게 되어 눈물 아니 흘린다

여리고의 라합은 쫓기는 정탐꾼에게
피신의 붉은 줄을 창문으로 내려주어
그녀의 가족들에게 생명 줄이 되었다

예수님의 이마에서 흐르는 붉은 피는
우리 죄를 대속해서 바쳐진 재물인 줄
눈시울 붉어지도록 울면서 깨닫는다

아이 성城

여리고를 무너뜨린 승리에 도취하면
겸손은 어느 사이 기도 손을 풀어 놓고
슬며시 마음속에서 교만함이 싹튼다

하나님께 묻지 않고 아이 성을 공격한 후
걸음아, 나 살려라, 삼십육계 도망하며
삼십육 동료 잃고서 울어봤자 늦었다

김칫국부터 마시고 승리에 도취하면
목이 곧은 백성 되어 아래를 보지 못해
아이 성, 돌부리 채여 넘어지고 후회한다

나를 불쌍히 여기소서

'예수여, 나를 불쌍히 여기소서!'
소경 바디매오가 소리쳐 부를 때
나 또한 군중 속에서
'잠잠하라' 했으리다

'다윗의 자손 예수여, 나를 불쌍히 여기소서!'
그처럼 소리치고 만류를 뿌리치며
허물을 벗어 던지고 달려갈 수 있을까

눈 뜨고도 볼 수 없는 자신의 허물인데
'무엇을 원하느냐?' 주님께서 물으실 때
'보기를 원하나이다.' 담대하게 고백할까

믿음으로 영의 눈이 뜨일 수 있기를
믿음으로 영혼을 구원할 수 있기를,
엎드려 간구하오니
'날 불쌍히 여기소서!'

매너리즘*

눈을 뜨고 또 하루를 감사로 여기면서
숨 쉬며 살다가 노을과 작별하고
저녁에 식탁에 앉아 기적奇蹟을 먹는다

누구나 돌아보면 몇 번의 사선死線 넘어
기억도 하기 싫은 까마득한 과오 있어도
지금껏 살아온 것이 기적이고 기적이다

기적도 쌓이고 쌓이다 보면 익숙해져
그마저 둔해지고 감사마저 잊고 사는
우매한 피조물들의 또 하루가 저문다

* 틀에 박힌 태도나 방식

내 잔이 넘치나이다

고향에 다녀오면 자동차의 앞 유리창에
날 파리의 일생이 끈끈하게 붙어있어
워셔액 뿌려 닦아도 해결책은 뿌옇다

바닥난 워셔액을 인터넷으로 주문하니
1+1 제품이라 한 통 붓고 남았는데
단골인 주유소에서 워셔액을 또 준다

새로 생긴 서비스센터 정비차 들렸더니
개업 기념 선물로 워셔 원액 또 준다
필요를 바라는 손에 넘쳐나는 복 있다

눈물

눈물은 투명하고 자신은 결백하다고
깨닫기 이전에는 그렇게 알았는데
안경에 묻은 눈물이 지워지지 않는다

내 안에 묵은 죄가 얼마나 더러우면
흘리고 또 흘려도 씻어내지 못할까
회개는 하면 할수록 회개할 것 더 많다

안경을 세제에 씻어 깨끗해진 만큼씩
눈물로 내면의 죄를 씻어낸 만큼씩
세상은 눈이 부시고 맑아지는 영혼이다

땅콩을 까면서

그물 무늬 원통 집에 방이 두 개 있는데
아쉽게도 문이 없어 벽 부수고 들어가면
은 비단 고치 속에는 초록 꿈이 잠을 잔다

때로는 빈 깍정이, 때로는 쭉정이라
꿈이 꼭 새싹으로 돋는 것이 아니어도
기대치 반반이라도 꾸는 꿈은 늘 푸르다

작물이나 인간이나 유전자 코드 속에
모양과 크기가 정해져 있을 텐데
인생의 추수 결산 때 열매나 있을까나

날 사랑하느냐

평소에 주님께 신앙고백 하고서도
'너도 그 제자 중의 한 명이 아니냐?'
여종이 베드로 보며 묻고 또 물었을 때,

'나는 아니다.'
'나는 아니다'
'나는 그의 제자가 아니다.'
새벽닭 세 번 울고서 동이 트는 제정신

그날 밤 하신 말씀 뒤늦게 기억하며
닭똥 같은 눈물 닦고 터덜터덜 발 닿은 곳
갈릴리 호수가에서 파도 또한 울먹인다

사람 낚는 어부가 되리라고 다짐했지만
빈 그물에 올린 것은 헛맹세와 만용뿐
그래도 핏빛 노을이 처진 어깨 다독인다

세 번의 부인을 만회할 기회 주려
세 번을 물으시길,
'네가 날 사랑하느냐?'

주먹손 눈물 닦으며
'주님께서 아십니다.'

비늘을 제하소서

겨우내 새순 감싼 비늘 눈이 벗겨져야
나무의 새움 트고 새 꽃을 피워내어
기나긴 인고의 시간 화려하게 드러내듯

다매섹 가는 길에 눈이 먼 사울이
아나니아 만나고서 눈의 비늘 벗겨지니
비로소 바울이 되어 죽기까지 증언하듯

무지한 사람들은 눈을 덮은 비늘 있어
보이는 것, 아는 것을 전부라고 믿는데
믿음에 새순 나도록 비늘 벗겨 주소서

양심의 거울

예수께서 몸을 굽혀 땅바닥에 쓰신 글씨
그 내용 알 수 없어 궁금증이 뿌연 해도
그다음 말씀 속에서 반사되는 광경 있다

'너희 중에 죄 없는 자가 먼저 돌로 치라'
몸을 굽혀 손가락으로 두 번째 글을 쓰니
양심이 가책을 느껴 떠나가는 목청들

땅바닥에 쓰신 것은 글씨가 아니라
자신을 볼 수 있는 양심의 거울 열어
그들의 감췄던 죄가 드러났기 때문이다

성탄절의 고백

지극히 높은 곳에서 영광이 찬란할 때
지극히 낮은 곳으로 아기 예수 오신 그 밤
거리엔 향방 모르는 불나방이 많습니다

제 몸 태워 불 밝히며 흐르는 촛농이
우릴 향한 그분의 뜨거운 눈물인 것을
깨달아 지혜의 눈이 밝아지게 하시고

산타가 선물 주는 그런 날 아니라
예수님, 그분이 큰 선물로 오셨음을
불쌍한 이웃들에게 전파하게 하소서

산과 들의 모든 초목 메마른 이 계절에
상록수 추리처럼 낙엽 없는 그 사랑을
우리도 거저 받았으니 거저 주게 하소서

화이트 크리스마스를 바라기 보다는
핏빛 같은 죄악도 흰 눈처럼 씻어주셔
날마다 임마누엘*을 사모하게 하소서

* 하나님은 우리와 함께 계신다

상처 난 중력의 법칙

균형 잃은 중력이 바닥에 닿기까지
그 짧은 순간에 험한 인생 긴 얘기가
한 편의 실화 영화로 생생하게 상영된다

자살도 용기 없어 실행하지 못하는데
본능은 살기 위해 갈비뼈를 지키려다
대신에 팔꿈치 뼈가 부서지고 어긋났다

간신히 한 손으로 기어서 올라오며
찡그린 표정으로 어금니 깨물고서
하박국 3장 17-18절을 나도 몰래 읊는다

동네의 의원에서 큰 병원으로 보내지고
가벼운 골절 여겨 영상 촬영 미룬 기사
상태가 심각함 알고 거듭거듭 사과한다

감사의 조건

가장 힘든 작업이 식사가 되다니,
오른쪽 어깨 다쳐 수술하고 알았다
왼손의 식사 모습이 처량하기 그지없다

당연하게 사용하던 퉁퉁 부은 오른손을
보호대에 묶어 놓고 왼손을 사용하며
그동안 잊고 있었던 감사 조건 맛본다

사람은 참으로 우매하기 짝이 없어
환자가 되고 나서 건강할 때 돌아보며
감사의 진짜 조건이 고난임을 배운다

지옥 견학

문 위에 고딕체로 **지옥**이라 쓰여 있고,
피 묻은 거즈와 붕대 깃발처럼 펄럭이며
자욱한 연무煙霧속에서 역한 냄새 풍긴다

구역질 참아내며 어둔 내부 들여다보니
신음과 비명으로 목이 쉰 사람들이
영원히 죽지 않고서 몸부림을 치고 있다

등 뒤에서 경외敬畏 담긴 근엄한 목소리로
여기 오지 않을 네가 왜 왔느냐는 책망에
무서워 뒤돌아서니 피 엉긴 손 보인다

수 시간의 지옥 답사 생각조차 역겨운데
천국에 가봐야지 지옥이냐는 힐난에

"만약에 천국 갔으면 돌아오지 않았다"

탁상공론卓上功論

한 손을 수술받고 두 손 필요 절실한데
한 손의 대신 역할 그게 바로 탁자란 걸
고마움 알지 못한 채 필요 유무 간과했다

핸드폰을 받아주어 병문안에 답하도록
식판을 받아주어 생명을 유지하도록
한 손의 필요조건을 묵묵하게 돕는다

병상의 탁자 펴며 자신을 돌아보니
아무 대가 없어도 생색내지 않고서
오른손 하는 일마다 왼손 몰래 했던가

양화진 선교사 묘역에서

황사 걷힌 맑은 날에 둘러본 선교사 묘지
동토에 밀알로 씨 뿌려진 그들 있어
어둠에 갇힌 나라에 문명의 꽃 피었다

이제는 그 꽃씨가 오지까지 날아가서
그들이 못다 심은 씨앗을 심고 있다
희생이 맺은 열매가 수만 배로 불었다

유난히 색깔 붉은 이곳의 영산홍이
따스한 봄 햇살을 안테나로 세워서
땅끝의 선교지 소식 묘지 속에 전한다

샘물

그분의 말씀을 읽어보고 들어보면
그때마다 맛이 다른 시원한 샘물이라
그 물을 마시는 자는 갈증 나지 않는다

수가성城 여인은 우물에서 주님 만나
그분이 주신 말씀 생수로 마시고서
비로소 눈이 열려서 메시아를 알아봤다

말씀을 생명수로 마시는 사람들은
넘치는 기쁨을 주체할 수 없어서
주위에 전하고 싶어 솟아나는 샘물 있다

제2부

누리 달의 아토

두눈에 촛불이 켜진
손녀 눈이 불탄다

누리 달*의 아토**

누리 달에 태어난 손녀에게 달린 리본
'할아버지 생신을 진심으로 축하해요'
'선물은 아린이***에요'
누리 달의 아토 맞다

음력으로 누리 달에 생일 든 할아비에게
손녀가 주관하여 축하 노래 권하더니
저 먼저 촛불을 불어 웃음 아토 나눠준다

무언가 부족한 듯 좌중을 둘러보며
'다시 해요' 재촉하여 촛불 붙여 재창한다
두 눈에 촛불이 켜진 손녀 눈이 불탄다

* 6월은 온 누리에 생명의 빛과 소리가 가득 차 넘치는 달
** '선물'의 순우리말
*** 외손녀의 이름

살구나무

고향 집을 둘러선 세 그루의 살구나무
연분홍 살구꽃이 지붕보다 커다랗게
잔칫집 차일*을 펴서 마냥 신난 어린 봄

노오란 참 살구가 학교길에 떨어져서
주워서 먹어 보고 잊지 못한 동창들은
부모님 안부보다도 살구 안부 물었다

전신주 공사하며 맛을 본 전공電工들이
익을 때 맞추어서 사다리차로 따갔다는
그 나무 부모님 따라 나날이 늙어가고

해거리** 유난해서 기대했던 다음 해에
마지막 남은 나무 태풍에 쓰러져서
고향을 지키는 형이 후손 구해 기른다

* 햇볕을 가리기 위해 치는 포장
** 과실나무의 열매가 한 해씩 걸러서 많이 열리는 일

금낭화

일곱 송이 금낭화의 월사금을 마련하려
알뫼장*에 목 휘도록 곡식 채소 이고 가서
어매는 몇 푼을 받고 짚 똬리만 털어댔다

고쟁이*에 달아 놓은 주머니 속 동전들이
좌판 앞 지나칠 때 저 먼저 인사해도
부족액 채울 궁리만 뭉게구름 일었다

꽃주머니 차례차례 객지로 떠나간 후
이따금 울리는 전화벨이 위안이라
텃밭의 꽃들도 역시 귀 모으고 기다린다

* 알뫼장 : 전북 고창군 부안면 상등리 소재 오일장
* 고쟁이 : 여자 속옷 중의 하나

부추꽃

지난 장날 사지 못한 고무신을 사기 위해
아버진 부추꽃 빛 하얀 쌀을 퍼 담으며
쌀 사야 신발 산다고 궁금한 말 남기고,

유년의 언덕에서 내려 본 장터 길에
삼삼오오 모여서 오일장 가는 행렬
한복과 두루마기가 부추꽃 색이었다

부추의 꽃대처럼 목이 긴 기다림은
노을도 눈을 감고 부추꽃 빛 별들이
서산에 오르고 나서 거나해서 돌아왔다

이태의 가뭄

오 학년 여름날, 보리가 익을 무렵
보리 추수에 메마른 날씨를 감사했다
따가운 보리까락이 어린 피부 할퀴어도

천수답 마른논에 물도 잡지 못하고
알을 버린 개구리도 어디론가 떠났다
못 판에 금가는 소리 농부 가슴 찢었다

초하루 비 거르면 보름치는 올까나
아버진 담배 태워 기우제를 지냈지만
갖가지 유언비어만 흙먼지로 뽀얗다

팔아버린 수렁논에 한숨만 빠져들고
철 지난 모내기는 철없는 모내기다
호미로 심은 모 포기 엎드리고 기도했다

한 작물이 죽으면 다른 작물 또 심어서
논에는 여러 작물 시험장이 되었고
가뭄을 타지 않는 풀, 쇠비름만 무성했다

빈손의 가을 들녘에 듬성듬성 거둔 수확
가뭄에 강한 풀로 지게 반을 채우고
나머진 아쉬움으로 붉은 노을 채웠다

이엉 못한 초가지붕 쌓인 눈이 녹으면
중학 입학 포기라는 눈물이 새어 내려
천장엔 검붉은 무늬 나날이 늘어났다

비닐봉지

기다리던 명절에 아이들이 찾아오면
비닐봉지 바람 들어 저절로 떠다니듯
뒷일을 생각지 않고 반가움만 부푼다

아쉬움 한 봉지씩 챙겨 들고 떠나가면
곧 다시 바람 빠져 쭈그러진 비닐봉지
이마에 명절 증후군 주름살이 생긴다

미루어 부모님도 칠 남매를 기다리며
반가움, 그보다 더 외로움을 삭히면서
가슴 빈 비닐봉지에 기다림만 채웠으리

그 무렵 1

초가지붕 걷어내고 슬레이트 덮을 즈음
양자 갔던 동생이 파양되어 돌아왔다
형제 중 가장 잘생긴 그 모습은 어디 가고,

어릴 적 업어 키워 정이 깊은 그 동생은
본가 또한 내 이름 넣어서 불렀는데
아픔을 나눌 수 없어 가난만 원망했다

한약방, 양약방의 진단 처방 효험 없고
바람결에 들려오는 담방 약을 다 써 봐도
전깃불 들어 왔건만 집안 온통 어둡다

그림을 잘 그려서 상을 받은 그 동생은
취미도 비슷해서 만화를 그려주니
중학교 신입생 형의 하교만을 기다렸다

그 무렵 2
- 회광반조 廻光返照*

병명도 모르는 채 동생이 나으려나
엄니는 백여 집에 쌀 동냥을 다녔다
백약이 무효이건만 백 집의 쌀 효과 볼까

질퍽한 논둑길에 신발보다 큰 진흙이
천형의 착고**처럼 무겁게 달라붙고
통일벼 묵은쌀 같은 진눈깨비 맞으면서

정월 보름 무렵에 그 정성에 효과 있어
동생은 자리 접고 동네 마실 다녔다
짧지만 회광반조가 어둔 집안 밝혔다

---

* 원래 뜻은 일몰 직전 일시적으로 햇살이 강하게 비추어 하늘이 잠시 동안 밝아지는 현상을 말하는데, 사람이 죽기 전에 잠시 원기를 회복하는 현상을 뜻하기도 한다. 의외로 이러한 현상은 서양의학에서도 다루는 현상이다. 영어로는 서지(surge)라고 한다.
** 두 개의 긴 나무토막을 맞대고 그 사이에 구멍을 파서 죄인의 두 발목을 넣고 자물쇠를 채우게 한 옛 형구

그 무렵 3

억수 같은 봄비에 얇은 꿈이 겼던 밤
동생이 날 깨워서 상태 보니 절망이라
밤새워 안아주면서 하나님께 기도했다

십 리 길 고모 집을 방문하신 아버지는
동생의 전갈에 작은 관을 맞춰 와서
봄 햇살 따사로운 날 봉분 없이 묻었다

아버지는 술 드시면 무덤에 가 계셨고
엄니는 모종보다 많은 눈물 밭에 심고
나 또한 아무도 몰래 소를 몰고 그곳 갔다

성탄 무렵 1
- White Christmas

비보호 좌회전, 그 유혹에 빠져들어
교차로 한복판에서 거꾸로 돌린 시계
교만은 덫에 걸려서 책임 전가 바빴다

눈 깜박 그 사이로 번갯불이 지나가고
관성 법칙 그 끝에서 눈앞에 보인 것은
상처에 꽃으로 피는 핏방울이 보인다

머리부터 발등까지 흰 눈가루 유리 파편
차바퀴에 부서지는 변명 소음 들으면서
화이트 크리스마스, 겉모습이 하얗다

성탄 무렵 2
- Single Bells

아기 예수 뵙기 전에 씻은 몸을 또 씻어도
속옷 속의 유리 파편 가시관의 그 고통
방사선 훑고 간 곳에 삶의 의지 튼튼하다

혼자서 짐을 챙겨 입원한 병실에서
TV 속의 성탄 특집 저 홀로 화려하고
귓가에 들리는 위로慰勞, 징글벨즈, 징글벨즈!

김 서린 창문으로 흐르는 가슴의 말
싱글벨즈, 싱글벨즈, 싱글 올더웨이
이불을 뒤집어써도 귓가에서 맴돈다

성탄 무렵 3
- 변증법적 모순

옆 환자의 코골이에 어둠도 뒤척이다가
간신히 돌곗잠* 자고 난 겨울 해가
양지쪽 벽에 기대어 한낮에도 졸았다

주사 바늘, 링겔 호스로 얽어맨 여러 날이
여러 치료 받고서 관절에 힘이 생겨
혼자서 병실의 짐을 미련 없이 빼냈다

입원을 싫어해도 치료하면 쉽게 낫는
이상 체질 환자로 스스로 진단하고
정반합, 변증법 이론 모순으로 겪었다

* 이리저리 굴러다니면서 자는 잠

성탄 무렵 4
- 백설기

성탄 예배 마치고서 백설기를 받아 들고
병원 계신 어머니와 따끈할 때 나누려다
사고에 깨어진 그 꿈 파편으로 날렸다

사고 소식 모르는 어머니가 영감靈感으로
셋째 아들 죽었다고 식사를 거부하셔서
막내와 전화 통화로 생존 소식 알렸다

간직했던 백설기에 엄니 달랠 온기 담아
시력 잃은 어머니께 떡 조각 떼 드리니
그제야 안심하시고 큰 한숨을 내쉰다

사랑한다는 말 대신에

사랑한다는 언어를 듣지 못한 울 엄니
사랑한다는 언어를 말할 줄도 몰라서
병문안 자식들에게 '미안하다'고 하셨다

부모님의 고생과 어느 고생 견주랴만
대체로 '고생시켜서'라고 말끝을 흐리시는
그 말씀 깊은 곳에서 사랑이 묻어있다

임종 때 증손까지 엄니 손을 잡고서
'고마워요', '사랑해요' 작별 인사 남겼지만
그 전날 미안하다고 하신 말씀 여운 길다

핑계

엄니를 문병하고 헤어지며 습관처럼
낼모레 또 오마고 가볍게 남긴 약속
날마다 형제자매들 순서 없이 방문해도

간병인 붙잡고서 날짜와 요일 묻고
문밖 소리 누가 오나 쉼없이 귀 모으다가
한 주가 바삐 지나간 셋째에게 투정한다

가벼운 약속이라도 빈말로 하지 않길
새롭게 깨달으며 숟갈에 핑계를 얹어
두 눈이 보이지 않아 식사 떠서 드린다

겨울나무

고향에 사는 형이 엄니 병실 찾아와서
가슴에 흙냄새를 불어 넣고 갔나 보다
바람이 불지 않는데 머리칼이 날린다

병환에 한쪽 손이 삭정이로 굳었어도
환자복 주머니를 뒤적이는 또 다른 손
아직도 나눠주고픈 그 무엇을 찾는다

발아래 그림자가 얼어붙어 굳었어도
바람에 매무새를 다듬는 나목처럼
어딘가 갈 곳을 위해 준비하는 어머니

나이 줄이기

나이 들어 갈수록 나이를 줄이고파
실제보다 나이 줄여 젊다고 얘기하면
듣는 이 얼굴 가득히 웃음꽃이 만개한다

요양병원 어른들은 의도 없이 나이 줄여
사물함의 출생년도가 실제와 다른 것은
기억이 과거 시점에 멈춰있기 때문이다

병환으로 쓰러지진 엄니의 대답 또한
새해를 맞고서도 나이 숫자 변치 않아
나이를 알려드리니 엄니 또한 놀란다

보호자

학교에 다니고 글을 읽기 시작하며
'보호자'의 빈칸에 아버지의 성함 썼다
그 칸을 채워주시는 아버지가 든든했다

아이들의 회신용 통신문의 맨 아래에
보호자의 빈칸에 내 이름을 쓰면서
당연히 보호자 자리 어른인 줄 알았다

그러나 엄니를 요양병원에 의탁하며
'보호자'는 어른이 아닐 수도 있는 것과
입금할 대상자란 걸 체험으로 알았다

이어폰

휴대폰에 저장된 엄니의 애창 찬송
요양병원 갈 때마다 엄니에게 들려주면
가사를 틀리지 않고 여러 곡을 부른다

환자 중에 어느 분이 듣기를 싫어하셔
다른 분 들리잖게 듣는 방법 물으셔서
이어폰 꽂아 드리니 식사하며 찬송한다

돌아가실 무렵 되니 엄니 목청 잠겨 있어
이어 폰 뺀 휴대폰의 목이 쉰 반주 따라
심전도 느린 사이클 엄니 상태 그린다

어느 날

육신은 요양원에 기약 없이 의탁해도
세상일에 마음 바쁜 어른들의 지난날과
미래의 그 어느 날을 가까이서 엿본다

키 작은 할머니는 틈만 나면 보자기 펴
베개를 곱게 싸서 머리에 올려 이고
영감님 밥상 차리러 가신다고 나선다

집으로 가겠다고 밤낮없이 길 나서서
간호사와 씨름하던 곱상한 할머니는
눈길에 간절함 담겨 지켜보기 안타깝다

꿈에서도 여전히 농사일에 바쁜 엄니
오래전 어느 날에 토방에 걸터앉아
문병 온 자식들에게 일감 주기 바쁘다

제3부

가로수

조각난 하늘사이를
새순대고 꿰맨다

가로수 1

해마다 잘라내도
솟아 나는 갈매* 손은

옹이 터진 아픔들의
신음마저 실로 뽑아

조각난
하늘 사이를
새순 대고 꿰맨다

* 짙은 초록색

가로수 2

봄바람이 싣고 와서
전해주는 고향 소식

겨우내 잃은 식욕을
이제야 찾았는가

가지 끝
새움에 가득
군침이 고여 있다

가로수 3

줄어든 폐활량으로
깊은숨 들이키며

시간의 무게만큼
뿌리를 내리고서

지하의 푸른 생기를
하늘 위로 퍼 올린다

가로수 4

위인의 동상들이
지켜주는 남산 길에

산 채로 묻혀있는
오늘의 숨소리들

들린다
타임캡슐 속에서
위인들의 말씀이

가로수 5

설마가 무너지던 날
방충망을 설치했다

TV 화면을 찢고 가는
구급차의 경적소리

불나방 안으로 갇혀
밤새도록 퍼덕댄다

인간 시장

어둠의 끝자락을 태워내면 밝아올까

자신을 팔아야 할 가장의 또 하루가

드럼통 불 화덕에서 괭이잠*을 태운다

아침 해가 높을수록 낮아지는 어깨 위에

식솔의 그림자가 무게 점점 더해지고

한숨을 입바람 불어 삭정이 불 살린다

* 깊이 잠들지 못하고 자주 깨면서 자는 잠

삼각지역에서 1

4호선과 6호선의 그 기나긴 통로에서
갈아탈 전동차를 바람으로 직감하며
뜀박질 무빙워크를 앞질러서 달린다

오르고 내리기에 적합한 지점들을
확인하고 기억하던 습관이 오래되면
지하철 승차 요령을 나름대로 만든다

델리만쥬 냄새보다 더 멀리 촉수 세워
지하의 바람길을 가늠하는 도시인들
스스로 바람 되어서 또 하루를 뚫는다

삼각지역에서 2

시각 장애인의 더듬이가 벽에 막혀 떨고 있다

목적지를 물어보니 9-4 지점을 찾는다

그다음 갈 길을 잡아 순서대로 간단다

전동차의 이마에 목적지를 붙이고

앞으로, 앞으로만 내달리던 하루 중에

철로 밑 침목으로 깔린 지금 순간 보인다

삼각지역에서 3

삼복중 지하철은 그나마 피서지인데
좌석에 가방 놓고 딴청 부리는 아줌마
배려는 더위 먹은 채 손잡이에 매달렸다

불쾌지수 높은 탓에 감각 잃은 젊은이가
하차 전에 승차하며 밟아놓은 짜증이
찌푸린 표정이 되어 구두 위에 찍혔다

겨우겨우 내리는데 땀 절은 아주머니
문 앞의 사람들을 힘으로 밀어낸다
상식이 통하는 사회 허약해서 넘어진다

하늘색의 4호선과 황토색 6호선이
카오스의 어둠 속에서 방황하는 퇴근길
상념은 환승 못하고 몸만 내려 걷는다

신호등 앞에서 1

시계점 앞 보도에서 신호등을 바라보며

한 가지 목적으로 무표정한 사람들

뒷모습 벽시계 되어 유리창에 걸렸다

시계추의 움직임이 제각각 달리하며

길어진 그림자를 하나하나 들춰보면

숨겨진 사람들 생각 초침으로 달린다

신호등 앞에서 2

관념의 붉은색은 광란의 전유물

충혈된 두 눈으로 세상을 바라보면

순한 양 갈 곳을 몰라 푸른 풀밭 잃었다

문명의 그늘 속에 가려진 본능은

길길이 날뛰며 투우 되어 달려간다

그 누가 마타도르*로 그대들을 유혹하나

* 투우 경기의 투우사들 중의 주역

성산대교에서 1

물살을 거스르며 앞만 보고 달리다가
힘이 다한 곳에서 물에 뜬 물고기
허연 배 드러내 놓고 하늘과 마주한다

퉁퉁 불은 욕심과 살점 뜯긴 명예가
햇살에 반짝이며 물결 따라 흔들린다
비로소 영원한 휴식 죽어서야 맛본다

성산대교에서 2

성산대교에 무지개 떠 비 갠 소식 알리자
사람들 하나, 둘 꽃으로 피어나고
덩달아 코스모스도 철모르고 피었다

비둘기 날아와서 조아리며 인사하고
강바람 반가움에 가슴팍에 안긴다
햇살도 구름 젖히고 사람 구경 나온다

며칠간의 장맛비에 인심마저 눅눅해져
사람은 사람끼리 인사 없이 지나쳐도
자연은 한강 변에서 인사하기 바쁘다

성산대교에서 3

지나간 시간을 강물에 헹궈내고
건너편 아파트를 미끼로 꿰어서
아픔을 내 버리듯이 낚싯대를 던진다

잔고기를 기다리는 비둘기의 인내와
찌 끝에 걸려 있는 팽팽한 시선이
그림자 길어지면서 비로소 긴장 푼다

넋 놓고 구경하던 교각의 가로등이
정신 차려 제 역할을 드러내기 시작하면
어둠은 한강 물 위에 배경으로 깔린다

성산대교에서 4
- 철새

영원에서 이 세대에 자리 잡고 부화하여
부모님 돌봄 아래 배우고 익히다가
한강 변 모래톱으로 터 잡으러 날아왔다

날개를 활짝 펴고 기류 타고 올라가며
힘을 다해 오르면 하늘에도 닿겠는데
세상은 뜻하지 않은 난기류에 휘말린다

텃새가 되고 싶어 둥지에 새끼 낳고
생육하고 번성하여 충만하길 바랐는데
자녀들 품을 떠나면 된바람이 차갑다

강 건너 빌딩 위에 노을이 눈 붉힐 때
감탄사 한 마디에 눈물짓는 나이 되면
머물러 놀던 자리를 비켜줘야 할 때다

두더지

자랑으로 여기던 길눈의 밝음이
가끔은 땅속에서 방향 감각 잃어버려
두더지 게임을 하듯 지하 출구 드나든다

계단을 오르내린 다리가 팍팍한데
땅속으로 들어가며 돌리는 남의 탓에
숫자가 틀린 출구엔 횡단보도 없었다

인간이 두더지처럼 땅속에서 살지 않고
땅 위에서 살도록 지은 바 되었음을
다행과 감사함 담아 내 탓으로 돌린다

망원정*望遠亭

가뭄이 계속되자 살펴 나선 세종대왕
효령대군의 정자亭子에 형제 함께 올라서니
반가운 비가 내려서 '희우정喜雨亭'이라 불렀다

세종은 이후로도 희우정에 자주 들러
강변에서 훈련하는 병사들의 모습 보고
안평은 그런 광경을 그림으로 남겼다

성종의 형, 월산대군이 물려받아 다시 고쳐
성종은 '망원정望遠亭'이라 이름을 지어 주고
명나라 사신을 맞아 연회를 베풀었다

연산군은 '수려정秀麗亭' 개명하고 공사 중에
중종반정 일어나서 '망원정'으로 남았는데
어느 해 큰물이 나서 과거 얘기 지웠다

재건한 정자에는 현판이 둘 있으니
정면에는 '망원정'을 정자 안에 '희우정'을
역사의 그 현장에서 여러 생각 교차한다

강 건너 보고 싶어 정자에 올라서서
반가운 빗소리를 그렇게 듣고픈데
차 막힌 강변북로의 소음으로 귀 아프다

* 망원정(望遠亭)은 서울특별시 마포구 합정동에 있는 조선시대의 정자이다. 1990년 6월 18일 서울특별시의 기념물 제9호로 지정되었다. 지금 양화대교 북단, 즉 양화진 서쪽 강변북로 옆에 자리 잡고 있다.

임산부 배려석

여러 번 환승하여 다리 아픈 촌놈이
출구 쪽 좌석 비어 감사하며 앉았더니
분홍빛 '임산부 배려석' 어찌할 바 몰랐다

방금 내린 아가씨도 임산부 맞나보다
시대가 만들어 놓은 자랑스런 좌석에서
시들한 베이비 부머 애먼 다리 만진다

옆자리, 앞자리 승객들의 눈치 보며
분홍빛 좌석보다 더 붉어진 얼굴 보고
아마도 취객쯤으로 여기는 것 같았다

천원

당산철교 지날 즈음
어느 걸인 반강제로
승객에게 손 내밀고
천원을 달라는데
시선은
한강에 빠져
흙탕물만 보인다

지갑 속엔 달랑 만원
주자니 점심 굶고
안 주자니 맘 아프고
결국엔
그날 점심을
금식으로 해결했다

죽도 밥도 아닌 것

그날따라 왜 그렇게 밥을 많이 안쳤는지
밥통의 스위치를 취사로 누르지 않고
온종일 보온의 상태, 망각만이 따스하다

죽도 밥도 아닌 것이 풍성하게 부풀었고
원망의 눈초리로 잡곡들이 쏘아본다
뒤섞고 물을 부으며 밥이 되길 기다렸다

열 받아 눋는 소리 배고픔만 재촉이고
뉘 탓도 아닌 것이 목구멍을 막아댄다
때로는 아깝더라도 버려야할 밥 있다

제4부

간수

눈물로 그린 바다가
새하얗게 바랬다

간수艮水*

바다가 끌려와서
맨땅에서 울고 있다

일본 원전 오염수로
몸값이 상한가인

서해 산産 천일염 포대
눈물 뚝뚝 흘린다

거품 목욕 씻겨주던
몽돌들이 보고픈지

후손들의 바다가
걱정되어 우는 건지

눈물로 그린 파도가
새하얗게 바랬다

* 소금물에서 염화나트륨(식염)을 결정화시킨 뒤에 남는 액체

삶의 방정식

\+ 정신적, 육체적으로 유익한 것 찾으며
\- 나쁜 습관, 미움 따윈 미련 없이 버리고
÷ 이웃을 늘 사랑하며 나눔을 실천하리

↕ 위로나 아래로나 편견을 갖지 않고
= 동등한 입장에서 남의 처지 헤아리며
♡ 사랑을 바탕 삼아서 내 이웃을 대하리

--; 슬프고 아픈 일은 잊으려고 노력하며
^^ 미소 띤 얼굴로 남들과 마주하고
♬ 콧노래 흥얼거리는 좋은 일만 기억하리

← 의로운 일에는 앞장서서 달려가고
→ 때로는 양보하며 한 발짝 물러서고
, 적절한 휴식을 취해 내일을 준비하리

! 눈에 비친 세상 풍경 아름답게 표현하며
? 지혜를 얻기 위해 궁금증을 가지고
. 맡겨진 임무나 일은 최선을 다하리라

대나무

늘 푸른 마음으로 올곧게 살아가되

한 단계 나아갈 땐 마디마디 매듭짓고

원망과 불평 따위는 빈 대통에 삭히자

뿌리 깊은 인내로 이웃을 사랑하며

폭풍우 눈보라에 꺾이지 말고 휘어지면

이파리 활짝 펴고서 손 흔들 날 있으리

거울

자신을 스스로 볼 수가 없기에
마주 보는 얼굴을 내 얼굴로 여기고서
보내는 표정에 따라 돌아오는 내 감정

나 먼저 화를 내면 그 화가 돌아오고
나 먼저 웃어주면 그 웃음 돌아오고
사람과 사람의 관계 나로부터 시작된다

거울이 자신 얼굴 전혀 알 수 없어서
사람들의 얼굴을 자신에게 비춰보듯
또 다른 나를 찾아서 거울 보며 연습한다

기경 起耕

봄이 오면 농부들이 가장 먼저 하는 일은
겨우내 굳은 땅을 갈아엎어 무르게 한다
새 꿈이 뿌리내리고 그 꿈이 자라도록

들판에 나가보면 농부 돕는 손길 많다
햇살은 이쪽저쪽 언 땅을 녹여주고
바람은 남녘의 온기 실어 오기 바쁘다

새싹을 내기 위해 준비하는 농부처럼
우리도 마음 밭을 부지런히 기경하면
행동을 이롭게 하는 좋은 새싹 나리라

강물

한 줄기 강물이 흐르기 위해서는
수면의 강물 보다 뵈지 않는 많은 물이
물길을 닦는 물부터 강둑까지 차있다

거대한 군중을 이루기 위해서는
앞쪽부터 차례차례 한 사람씩 채워서
여럿이 모여들어야 큰 강물을 이룬다

역사를 이루는 이 시대의 흐름에서
때로는 잔잔하게 때로는 굽이쳐서
세상도 물길을 따라 흘러가는 것이다

모든 씨는

꽃씨든 과일 씨든
종족을 번식하러

외부의 침입 막을
단단한 벽을 쌓고

내부는 보늬* 두르고
씨눈 감싸 보호한다

사람이 갖고 있는
모든 씨도 그러하니

말씨뿐만 아니라
글씨와 솜씨 또한

겉으론 단단히 하되
마음씨는 온유하게

* 밤이나 도토리 따위의 속껍질

선線과 선善

초등학교 입학하니 선線이 선善이 아니었다
선하지 못한 짝꿍 책상 반쪽 선 그었고
시험과 운동회에도 경쟁의 선 그려졌다

세상의 선線 지키려고 최선最善을 다하면서
보이는 선線보다도 안 보이는 선善을 위해
시간의 선線을 넘어서 상상의 선善 넓혔다

유선보다 무선으로 세상과 소통한다
와이파이 없으면 LTE에 연결하면
선善하지 못한 얘기가 시선視線 먼저 이끈다

신발을 닦으며

가장 낮은 곳에서 헌신하는 사람들은
남에게 자기를 나타내지 않고서도
발아래 신발들처럼 뵈지 않고 일한다

풍선에 불어 놓은 바람의 크기 재듯
작은 일을 하고서도 자기 공을 내세우면
바늘에 터지고 마는 헛된 일일 것이다

닳아져 먼지로 내려앉은 시간들을
털어내고 닦아내며 지난 길을 되짚으면
자랑할 거리라고는 주름진 것뿐이다

흔적

못만 남은 시계자리 허전함이 날카롭다
눈길을 잡아끌어 가늠하는 현 시각은
안개 속 시곗바늘이 헛바퀴를 돌고 있다

이생에서 머물던 우리들의 자취 또한
벽시계 역할처럼 이기利器로 기억하며
머물다 떠난 자리에 이름이나 남을까

약속된 시각이 시계에 표시할 뿐
자취는 잠시 잠깐 기억 속에 남았을 뿐
시간이 흔적이 없듯 인생 또한 그런 것을

선풍기를 닦으며

선풍기 날개 위에 엉겨 붙은 기름때에
여러 음식 냄새와 아내의 잔소리가
적당히 간을 맞추어 먼지 쌓여 엉겼다

현재를 분해하여 과거를 꺼내어서
수세미로 시간을 닦을 수 있었지만
감춰둔 내면의 허물 무엇으로 닦을까

가위, 바위, 보 인생

주먹 쥐어 '바위' 내고 세상에 태어나서
승리 표시 '가위'를 보여주러 경쟁하고
세상과 이별할 때는 빈손이라 '보'를 낸다

"Rock, Scissors, Paper" in life:

We clench our fist and throw "Rock"
as we are born into the world.

We compete to show the victory sign
-"Scissors"-throughout life.

And when it's time to say goodbye,
we leave empty-handed, playing "Paper."

아는 것이 많으면

지방에서 통학하던 할머니 학생께서
아는 것이 많아서 먹고 싶은 것 많을 거라는데
모르는 음식 많아서 먹고 싶은 음식 없다

길을 가다 만나는 새로 생긴 음식 이름
궁금증 되새김질로 헛배를 채우면서
우화 속 신 포도라며 알려고도 않는다

저녁나절 식당 안의 수많은 사람들은
아는 것이 많아서 아는 것을 먹고 있고
아는 것 많지 않은 난, 주린 배로 귀가한다

어떤 높임말

편의점에 들어가서 시간 근무 직원에게
찾는 물건 물었더니
"저리로 가실게요."
친절한 그의 말씨가 듣기에는 불편하다

찾는 물건 없어서 언제나 들어올지
아니면 이것으로 사도 될지 물어보니
"괜찮지 않을까 싶습니다."
'싶습니다'가 범람한다

가격을 물어보니
"3,500원 되실게요."
요새는 금액에도 높임말이 붙는다
하기야 돈이 최고인 세상이라 그런가

아낌없이 주는 나무

사람들이 불볕에 겉옷을 벗을 때에
나무는 잎사귀로 더 많은 옷을 입고
그늘을 짙게 늘여서 쉴만한 곳 주더니

바람이 추울수록 옷을 벗어 신호 주어
겨울에 사람에게 옷 입으라 알려줘도
나무의 뜨거운 뜻을 가늠하지 못하면서

봄에 피운 꽃을 보고 아이처럼 웃으며
가을에 열매 따며 감사함을 몰라줘도
묵묵히 계절에 따라 제 할 일을 다한다

라온 제나*

국민학교 4학년의 국어책에 한자漢字가
보리밥에 쌀밥처럼 듬성듬성 무늬 놓고
서예를 배우느라고 온몸에도 먹물 무늬

새마을운동 일어나고 초가지붕 걷어내듯
한자 표기 사라지고 순한글 공부하다
고 입시 시험과목에 느닷없는 한문 필수

80년대 초, 순우리말 퀴즈대회 출연하러
여의도 오가며 최루가스에 눈물 콧물
한글은 라온 제나 아닌 슬픈 제나 세대였다

* 즐거운 우리

시조의 종장론

삼 음절과 사 음절의 시어詩語로 초장 쓰고
점층적 비약으로 중장에서 진술하고
종장은 비유와 상징, 긴장감을 높인다

종장 첫 구, 석 자에서 둘째 구는 다섯 자로
장단 고저 발림하고 추임새를 곁들이는
판소리 구수한 맛도 시조창에서 나왔다

한복의 소매 끝을 동그랗게 말아주고
버선코, 고무신의 코를 올린 멋 내기와
기와집 팔작지붕도 시조 종장 닮았다

조상의 예술 정신 오늘날에 이어져서
음식에 고명 올려 멋과 맛을 살리듯이
시조의 종장 속에는 조상의 얼 담겼다

민달팽이의 삶

등짝에 무거운 집 한 채가 있었다
등기부 등본에서 IMF가 벗겨갔다
빈손의 새로운 삶을 맨몸으로 기었다

가진 집이 없으니 가질 짐도 필요 없어
애지중지 소유물을 종량제 봉투 속에
눈물 반 한숨 반 섞어 꼭꼭 채워 버렸다

집 없는 민달팽이 빨리 뛸 줄 알았는데
나이 들어 느려지는 생각과 대처 능력
가끔은 허리를 펴고 하늘 한 번 올려본다

충청도식 해법

구형의 수동식 연륜 있는 할배 차가
좌회전 맨 앞에서 콜록대다 기절했다
당황한 심장 소리에 뒤차 경적 묻히고

아무리 열쇠 돌려도 주인 닮아 가래 끓고
창문을 내리라는 경찰의 노크 들려
손잡이 돌리는 중에 신호등은 또 바뀌고

'우찌어, 맘에 드는 색깔이 없는겨?'
여유 있는 농담에 정신을 가다듬고
클러치 반쯤 밟으니 녹색 한숨 터진다

가면假面

지금까지 살아오며 수 없이 쓰고 버린
가면의 실체는
'척하다' 이었다
어쩌면 본 모습과는 다를 수도 있지만

척하며 살아왔던 지나간 날들이
어려운 시기에는 길 안내 이정표로
인생을 이끌어와서 어쩌면 다행이다

착한 척의 누름돌로 눌러놓은 욕심이
때때로 부풀어서 나오려고 하지만
그래도 가면을 쓰고 오늘의 문을 연다

사람은
망설이지만
시간은
망설이지 않는다
잃어버린
시간은
되돌아 오지 않는다

〈벤자민프랭클린〉

제5부 동시조

강가에 앉아

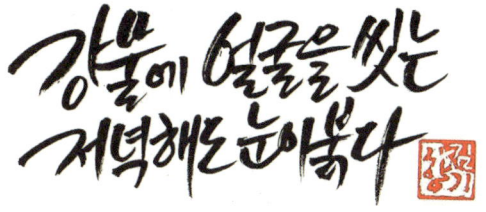

강가에 앉아

꾸중 듣고
집을 나와
강가에 앉아보면

갈대도
두 손 빌며
잘못을 뉘우치고

강물에
얼굴을 씻는
저녁 해도 눈이 붉다

모과

울퉁불퉁 못생기고
검버섯 핀 그 얼굴

과일이란 생각 보다
단단한 돌덩이인데

두 눈을
먼저 감고서
모과 향을 맡는다

새 달력

새 달력에
그려 놓은
식구 생일 동그라미

한 장 한 장 넘겨보면
아빠 엄마 동생 얼굴

내 생일
동그라미는
얼굴보다 더 크다

꽃 소식

양지쪽
새싹들도
목을 빼고 기다린다

얼음장 밑
개울물도
마중하러 달린다

꽃소식
지금 어디쯤
이르렀나 보려고

봄날이 부럽다

안경에 김 서려서 마스크가 불편한데
마음껏 입 벌리고 서로서로 모여서
웃으며 얘기 나누는 개나리가 부럽다

사회적 거리를 두지 않고 모여 서서
만나는 바람에게 반갑게 인사하고
가지로 손을 흔드는 진달래가 부럽다

코로나 바이러스에 감염될까 염려하여
등교하지 못하고 온라인 수업인데
마음껏 나들이 나온 봄 햇살이 부럽다

목련

엊그제 봉오리가
'주먹'을 내밀더니

어제는 손가락 펴
'가위'를 보여주고

오늘은
'보'를 내고서
이겼다고 가지 번쩍

혼자 집 보는 날

살그머니 지나가는
고양이 발소리

엄마는 언제 오실까
현관문에 귀 모으면

벽시계
바늘 소리가
가슴에서 울린다

여름 들판

나뭇잎을 툭툭 치는
소나기 신호 따라

목청껏 나팔 불던
매미도 숨죽이고

불화살 쉼 없이 쏘던
햇살도 쉬고 있다

소나기가 데리고 온
산마루 저 무지개

합죽선 곱게 펴
계곡 바람 불어주면

들판에 엎드린 곡식
기운 내고 일어선다

바람 불어 좋은 날

수풀 속
그늘 밑의
키 작은 꽃들에게

바람이
수풀 헤쳐
햇살 쪼여 줍니다

혹시나
다칠까 봐서
살랑살랑 붑니다

단비

꽤 오랜 가뭄 끝에
귀를 여는 반가움

빗방울이 땅의 것에
부딪혀야 나는 소식

후, 두, 둑!
소리만 나도
자다가도 눈 번쩍

시든 초목 살리려고
수액주사 놓는 단비

기운 차려 일어서서
기지개 켜는 곡식

들판도 보는 사람도
새 움트는 감사함

해돋이

윗입술 하늘과
아랫입술 수평선이

밤 내내 입 다물고
어둠으로 무겁더니

깨어나
기지개 켜자
햇살 쫙쫙 퍼진다

또 다른 하늘

물 주름
하나 없이
윤슬이 반짝이고

흰 구름
강물에서
더위를 식히는데

잠자리
하늘로 알고
자꾸만 와 부딪는다

아파트

별자리
막아서는
공중 가득 네모 불빛

새로 생긴
아파트
창문마다 불 밝히면

키 낮은
우리 집에는
오지 않는 저 달님

낙엽 일기

봄부터 새순으로
하늘 가득 쓰던 일기

털털한 내 공책처럼
해어지고 풀어져서

우수수
하늬바람에 낱장으로 흩날린다

뒹구는 낙엽에서
읽어보는 지난날

단풍잎처럼 까불었고
은행잎처럼 의젓했고

한때는 초록 잎처럼
철이 없던 그런 날

수숫대

추수 끝난 들판에서
우쭐대며 서 있는데

하늘을 바라보면
그만 키가 작아져요

바람은
집에 가자고
옷소매를 끌어요

함박눈 내리는 날

세모난 높은 산과
네모난 빌딩들을

모난 곳 다듬어서
둥그렇게 안아주고

칼바람 매운 추위도
그 품 안에 감싸요

하늘과 땅 사이가
한 이불로 덮었어요

토라진 친구도
멀어져간 친구도

모두 다 내 가슴안에
감싸안고 싶어요

입김

뜨거운 음식에도
후후 불어 식히고

언 손이 시려도
후후 불어 녹이고

입김은
사랑이 담긴
할머니의 약손이다

제설제

엉금엉금
빙판길에
별자리 잡은 소금

얼음 녹은
은하수로
발길을 안내한다

싱거운
겨울 햇살에
간도 맞춰 주면서

신발 소리

엄마가 부르실 땐
빠른 박자 대답하고

문 뒤로 숨을 때는
살금살금 느린 박자

말 없는
아가의 속마음
발소리로 알 수 있다

산수유

겨우내
기다린 봄
노란불 전구 달고

산수유
불을 켜서
봄소식을 신호 주자

덩달아
여기저기서
봄꽃들도 불을 켠다

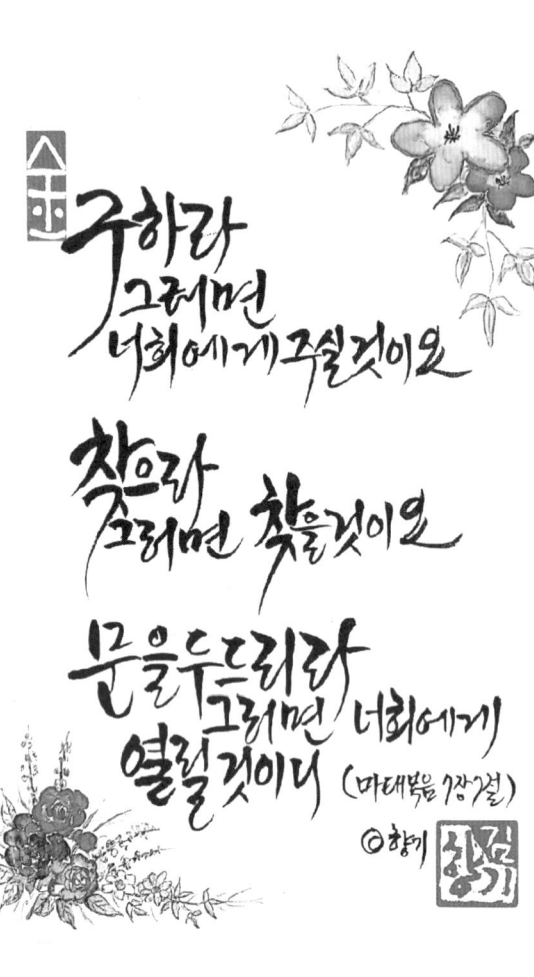

『누리 달의 아토』 평론

⟨『누리 달의 아토』 평론⟩

김향기, 삶의 층을 따라 시조로 걷다

　김향기 시인의 세 번째 시조집 『누리 달의 아토』는 깊이 있는 삶의 기록이자, 오래된 형식 위에 얹은 정감과 진심의 풍경화입니다. 시인은 고전 시조의 구조를 지키면서도 오늘날의 언어와 감각으로 시상을 풀어내어 "온고지신(溫故知新)"의 정신을 실천합니다. 특히 이 시집은 시조라는 문학 형식에 시인의 자필 캘리그라피와 수채화를 더함으로써 감각의 결합을 이루는 한 권의 예술 작품으로 탄생하였습니다.

1. 신앙의 언어와 고백
　- 제1부 「덤벙 주초」

　첫 장부터 시인은 자신의 믿음을 마치 주춧돌처럼 단단하게 다듬습니다. '못난이 자연석'인 자신을 '덤

병 주초'로 삼으신 신을 향한 고백은 겸허하면서도 뜨겁습니다. 「성공」이나 「아이 성」에서는 성서의 이야기들을 삶의 메타포로 삼아 교만과 회개의 순환을 성찰합니다. 이 부는 종교시의 전형을 넘어서, 신앙 안에서 일상을 되돌아보게 만드는 시적 묵상입니다.

2. 가족과 생명, 추억의 아토
  - 제2부 「누리 달의 아토」

'아토(선물)'라는 순우리말 제목에 걸맞게 이 부는 따뜻한 체온이 가득합니다. 어린 시절과 가족, 병상에 있는 어머니에 대한 회상은 연민과 감사의 정서로 채워집니다. 「비닐봉지」에서는 자식들이 다녀간 뒤의 적막을, 「겨울나무」에선 나눔을 멈추지 않는 어머니를 통해, 사랑이 곧 슬픔이라는 사실을 절절히 보여줍니다. 특히 「누리 달의 아토」는 두 눈에 촛불을 켠 손녀의 눈망울을 통해 생명과 희망을 노래하며 이 시집의 정서를 대표합니다.

3. 도시의 삶과 관찰자의 시선
  - 제3부 「가로수」

서울의 삼각지역과 성산대교, 망원정과 같은 장소성이 뚜렷한 시편들은 도시인의 고단함과 생존의 온도를 전합니다. 「삼각지역에서」 연작은 지하철의 환승 장면을 통해 '환승되지 못한 생각들'과 '혼잡한 감정'을 시각화합니다. 도시의 부산함 속에서도 삶의 정서는 여전히 자라나고 있다는 것을 「가로수」 연작은 조용히 말하고 있습니다.

4. 내면의 성찰과 인생의 공식
  - 제4부 「간수」

철학적 메시지를 담은 이 부는 시인의 연륜이 깊게 배어 있습니다. 「삶의 방정식」이나 「모든 씨는」은 일상 언어와 상징을 결합하여 시적 잠언의 경지를 보여줍니다. 「시조의 종장론」에서는 시조 형식의 미학적 특성을 직접적으로 분석하면서 형식과 의미의 조화를 의식적으로 확장합니다. 이는 단지 시를 쓰는 사람이 아니라 시조의 본질을 고민하는 창작자로서의 자기 성찰입니다.

5. 아동의 시선으로 본 세계
  - 제5부 「강가에 앉아」

동시조를 한 권으로 엮고 싶었다는 시인의 말처럼, 이 부는 아쉬움을 곱게 눌러 쓴 동심의 시편들입니다. 「모과」, 「새 달력」, 「입김」 등은 간결하면서도 풍부한

이미지로 어린이의 시선을 빌려 인생의 진실을 보여줍니다. 특히 「강가에 앉아」에서 "강물에 얼굴을 씻는 저녁 해도 눈이 붉다"는 표현은 유년기의 부끄러움과 반성의 풍경을 담은 시적 완성도 높은 작품입니다.

♣ 종합적 평가

『누리 달의 아토』는 단순한 시조집이 아니라 시, 그림, 글씨가 어우러진 한 권의 복합 예술입니다. 고전의 틀 안에 머물지 않고, 시인의 일상과 신앙, 가족사, 도시성과 자연, 동심의 언어까지를 유려하게 아우릅니다. 각 부는 독립적인 주제를 가지고 있으면서도 유기적으로 연결되어, 한 사람의 인생과 시의 궤적을 함께 걷게 만듭니다.

김향기 시인은 이 시집을 통해 '시는 삶을 정리하는 방식'이며, '진심이 형식보다 앞설 때, 형식은 새 숨을 쉰다'는 사실을 증명해줍니다.

이 시집은 따뜻한 눈으로 세상을 바라보며, 내면의 울림을 정갈하게 노래한 성찰의 서사이며, 현대 시조 문학의 한 방향성을 보여주는 소중한 이정표입니다.
  - (AI 평론)

간수*

김향기

바다가 끌려와서
맨땅에서 울고 있다
일본 원전 오염수로
몸값이 상한가인
서해 산産
천일염 포대
눈물 뚝뚝 흘린다

거품 목욕 시켜 주던
몽돌들이 보고 싶은지
후손들의 바다가
걱정되어 우는 건지
눈물로
그린 파도가
새하얗게 바랬다

* 간수 : 소금물에서 염화나트륨(식염)을
결정화시킨뒤에남는 액체.

2023 마포문협 시화전

동시조랑 놀자

강가에 앉아

김향기

꾸중 듣고
집을 나와
강가에 앉았으면

갈대도 손을 빌며
잘못을 뉘우치고

강물에
얼굴을 씻는
저녁 해도 눈이 붉다.

갈대·저녁 해… 쓸쓸한 마음 닮았어요

아주 기분이 좋은 날에는 천둥과 벼락이 쳐도 기분이 좋지요. 세차게 내리치는 빗줄기 소리도 마치 신나는 음악처럼 들리지요. 그렇지만 기분이 우울한 날에는 달라집니다. 따스한 햇살과 맑은 하늘도 쓸쓸하게 느껴지니까요.

꾸중을 듣고 집에서 나온 아이의 심정은 분명 쓸쓸할 것입니다. 바람에 흔들리는 갈대의 모습이 마치 잘못했다고 손을 모아 비는 것처럼 보이고, 붉은 노을도 눈시울을 붉히는 얼굴처럼 보이겠지요.

세상은 마음을 비추는 거울과 같습니다. 내 마음이 맑고 깨끗하다면 세상도 그렇게 변화하지요. 오늘 기분은 어떤가요?

/이도환(아동문학평론가)

△김향기: 1993년 '창조문학' 신인상 시조 당선. 동시와 동시조 작품 등 다수 발표.

2009년 11.30 소년한국일보

하나로 선
-사상과 문학 시인선-

누리달의 아토

초판발행 2025년 6월 30일

지 은 이 김향기

펴 낸 이 박영률
펴 낸 곳 하나로 선 사상과 문학사
인쇄기획 엔크

출판등록 제2012-000301호
주　　소 서울시 마포구 토정로 198 영풍@ 101동 상가 204호
전　　화 02) 326-3627
팩　　스 02) 717-4536

메일주소 holyhill091@hanmail.net

I S B N 979-11-88374-58-8 03810
정　　가 12,000원

*인지는 저자와 합의하에 생략하며 잘못된 책(파본)은 교환해 드립니다.

* 이 시집은 한국예술인복지재단에서 2025년도 예술활동 준비금 지원 사업에 선정되어 지원금을 받아 출간합니다.